조지 오웰

George Orwell

조지 오웰

1판 1쇄 발행 2020년 2월 10일
1판 4쇄 발행 2024년 3월 30일

글 피에르 크리스탱 | **그림** 세바스티앵 베르디에 외
옮긴이 최정수
펴낸이 김미정
편집 박기효, 김미정
디자인 표지 민진기디자인, 본문 김명선

펴낸곳 마농지 | **등록** 2019년 3월 5일 제2019-000024호
전화 070-8223-0109 | **팩스** 0504-036-4309
이메일 shbird2@empas.com

ISBN 979-11-968301-2-0 03100

이 도서의 국립중앙도서관 출판예정도서목록(CIP)은 서지정보유통지원시스템 홈페이지
(http://seoji.nl.go.kr)와 국가자료종합목록 구축시스템(http://kolis-net.nl.go.kr)에서
이용하실 수 있습니다. (CIP제어번호 : CIP2020002260)

잘못된 책은 바꾸어드립니다.

조지 오웰
George Orwell

피에르 크리스탱 글 | 세바스티앙 베르디에 외 그림 | 최정수 옮김

차례

일러두기

1. 하단의 주석은 모두 옮긴이의 주이다.
2. 타이프 서체로 표기한 부분은 조지 오웰의 작품을 발췌, 인용한 것이다. 글의 출처는 159쪽에 밝혔다.
3. 중심이 되는 흑백 그림은 세바스티앵 베르디에가, 조지 오웰의 발췌문을 표현한 컬러 페이지의 그림은
   여섯 명의 만화가가 나누어 그렸다. 그림별 작가 소개는 159쪽에 밝혔다.

1장
/
오월 이전의 오월

에릭 아서 블레어Eric Arthur Blair는 인도 벵골에서 태어났다. 그의 아버지가 벵골 식민정부의 아편국에서 일했다. 그러므로 우리는 위풍당당한 '키플링' 찬가로 이 이야기를 시작할 수 있을 것이다.*

골즈워디의 《포사이트가 이야기》** 같은 가족 서사에서 영감을 얻을 수도 있을 것이다. 그의 증조부는 자메이카 농장에서 노예들을 부렸지만, 남긴 재산이 하나도 없었다.

* 에릭 아서 블레어는 조지 오웰의 본명. 《정글북》의 작가 키플링J. R. Kipling의 아버지도 식민지 인도의 관료였으며, 키플링은 인도 생활을 제재로 한 제국주의 성향의 작품을 많이 썼다.
** The Forsyte Saga. 영국 작가 존 골즈워디John Galsworthy의 장편 연작소설로 영국 중산계급인 포사이트 일가의 물욕과 애정을 둘러싼 이야기를 담았다.

그의 조부는 오스트레일리아의 태즈메이니아에서
목사 생활을 했으며, 어머니는 프랑스 출신이지만
버마(현재의 미얀마)에서 오래 살았다. 이로써 에릭의 출생을
둘러싸고 서머싯 몸 스타일의 이국적인 소설집이 완성된다.

남편과 관계가 소원했던 어머니가
어린 아이들을 데리고
영국으로 이주해 온 부분은
우수에 찬 여성적인 장편소설에
해당한다고 볼 수 있겠다.

외로웠던 소년 시절, 에릭은 H. G. 웰스의 《타임머신》 같은 SF를 좋아했다…

그리고 앞선 세대 영국의 위대한 작가들과는 상당히 다른 길을 걷게 된다.

나는 아주 어릴 때부터 언젠가 내가 작가가 되리라는 것을 알았다…
나는 다섯 살 때 처음 시를 지어서 어머니에게 들려드렸다.*

* 타이프 서체로 된 부분은 모두 오웰의 작품에서 발췌한 것이다.

블레어 집안은 그가 나중에 말했듯이 '하급 상류 중산층'에 속했다. 그들은 옥스퍼드셔의 십레이크에 정착했다.

그의 아버지 리처드 블레어는 변변찮은 직위의 대영제국 '공무원'이었고, 1912년 은퇴할 때까지 인도에서 근무했다.

아버지와 나이 차가 많이 났던 어머니 아이다는 사교 생활을 좋아해서 집을 비우는 일이 잦았다.

에릭은 마음이 여리고,
동물을 사랑하고, 자연을
벗 삼아 놀기를 좋아했다.

너 이름이 뭐야?

에릭
블레어.

너는?

제신타 버디컴.

왜 그렇게 물구나무를
서고 있어?

거꾸로 있으면 사람들이
더 관심을 가지니까.

난 우리 뒤에 보이는
집에 살아.

나는 저쪽에 있는
집에 사는데.
그래…

저기가
우리 집이야.

쟤는?
너희 집
개니?

응, 저기 쟤는 우리 집 고양이고.

이건 우리 집 토끼… 우리 집 기니피그… 우리 집 고슴도치들이야…

새들은 우리 집에서 키우는 게 아니야. 하지만 난 총이 있어.

이 물고기들은?

내가 한 마리 잡아줄까? 나 물고기 잘 잡아…

얘들아?

우리 엄마야.

이웃집에 사는
제신타로구나. 마을에서
너희 부모님을 뵈었단다.

우리 집에
가서 차 한잔
하자.

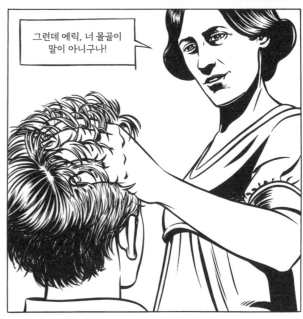

그런데 에릭, 너 몰골이
말이 아니구나!

우리 먼저 응접실로
갈 테니, 넌 세수부터
하고 오렴.

쿠션이 참
예뻐요…

이 함들은 전부 상아로
만든 거네요..

이 자수품들도
참 멋져요.

모두 인도 아니면
버마에 있는
우리 가족들이
보내온 거란다.

보세요, 엄마.
이제 말끔해졌죠.

여러 해가 흐른 뒤, 에릭 블레어는 어린 시절을 슬프고 외로웠던 시기로 회상했다.

하지만 진정한 시련은 아직 오지 않은 상태였다. 학교라는 이름의 시련.

세인트 시프리언 Saint Cyprian.

아버지와 내가 너를 위해 선택한 사립 초등학교란다.

평판이 무척 좋은 학교지.

그 학교가 어디 있는데요, 엄마?

서식스주 이스트본에 있어. 바다에서 가까운 곳이지!

학교에서 다른 아이들보다 더 열심히 공부하고, 특히 책 잡힐 행동은 절대 해선 안 된다.

왜요, 엄마?

때가 되면 알게 될 거다.

교장 선생님과 사모님이 너처럼 장래성 있는 학생들을 찾고 있다는 걸 명심하렴.

다음 주에 세인트 시프리언으로 떠날 거다.

미리 짐을 싸두렴.

세인트 시프리언은 학비가 비싸고 속물근성이 만연한 학교였다…
삼보*(W 교장 선생님)에게는 두 가지 큰 야망이 있었다.
첫째는 귀족 계층의 학생들을 끌어오는 것, 둘째는 학생들을 이튼스쿨 같은
명문 사립학교에 진학시켜 미래의 증권거래소 직원으로 길러내는 것이었다.

처음에는 내가 학비의 절반을 감액받고 입학했다는 것을 알지 못했다.
그런데 내가 열한 살쯤 되었을 때, 삼보와 플립이 나를 책망하기
시작했다…

* Sambo. 흑인 혼혈 또는 러시아 전통 무술의 하나.

플립*은 교장 선생님 부인의 별명이었다. 모든 일에 최선을 다하는 사람이었지만…
항상 취조관이나 고발자 같은 눈빛을 하고 있었다.
"여기 그 소년이 왔군요. 매일 밤 침대를 적시는 아이랍니다"**
플립이 나를 가리키며 한 여자 방문객에게 말했다.
"또 그러면 내가 어떻게 할 건지 아니?" 플립이 내 쪽을 돌아보며 덧붙였다.
"고학년 형들한테 네 버릇을 고쳐주라고 할 거야."
여자 방문객은 놀란 것 같았고, 이렇게 외쳤다.
"그러면 되겠네요, 정말!"

* Flip. 우울증, 의기소침함 또는 '찰싹 때린다'는 뜻이 있다.
** 오웰은 입학 초기에 침대에 오줌을 지리는 일로 한동안 고통받았다.

삼보가 목덜미를 움켜쥐고 나를 돌려세우더니,
승마용 채찍으로 때리기 시작했다…
너무나 오랫동안 때려서 (…) 결국 채찍이 끊어졌다.
동물 뼈로 된 채찍 손잡이가 방을 가로질러 날아갔다…
학생의 부모가 부자일 경우, 삼보는 꽤나 아버지다운 방식으로,
농담도 하고 옆구리를 장난스럽게 찌르기도 했다…
가난하지만 재능 있는 소년들에게는 고통을 주었다…
한 가지 덧붙이자면, 이 일 이후로 나는 더 이상 침대를 적시지 않게 되었다.

나도 알아.
하지만 빨리 방학이
되면 좋겠어.

난 스코틀랜드에 갈 거야.
우리 아빠 강이
5킬로미터 있는데,
거기 뇌조들이 많아…

그리고 너도 알겠지만, 거기선 조상
대대로 체크무늬 모직 옷을 입어.

아, 그래?

너희 아버지
자동차 있니?

우리 아빠는
전기 헤드라이트가
달린 다임러를
갖고 있어.

그래?

그루터기로
뭘 하려고?

블레어!

네가 이튼스쿨 입학시험을 보게 됐다.
내 아내가 시험장에 같이 갈 거야.

저… 정말요,
교장 선생님?

그 사람이 시험 기간 내내
너와 함께 지낼 거다.
네가 우리 학교의 명예를
드높여야 하니까.

이리
와보거라!

바로 갈게요,
교장 선생님.

세인트 시프리언 건물이 화재로 소실되었다는 소문을
나중에 들었다. 오늘날 그곳의 불길한 분위기는 사라졌고…
나는 플립이나 샘보가 죽기를 더 이상 바라지 않는다.

에릭 블레어의 이튼스쿨 시절은 훨씬 순조롭게 흘러갔다.

그는 가능한 한 공부를 하지 않기로 결심했고, 대륙에서 맹위를 떨치는 전쟁은 먼 일로만 느껴졌다…

에릭은 학과 공부를 소홀히 하고 지도교사들의 조언도 흘려들은 채 여러 스포츠 활동에 몰두했다…

그리고 H. G. 웰스, 올더스 헉슬리, 찰스 디킨스, 레프 톨스토이, 잭 런던 등 자신이 경탄하는 작가들의 책을 탐독했다…

또 훗날 아무리 숨기려고 노력해도 표가 나곤 했던 독특한 말투를 익혔다…

이 시기에 가장 행복했던
순간은 여름휴가, 특히 슈롭셔의
버디컴 집안에서 보낸 시간이었다…

유명한 푸른 골짜기들을 벗어나
곤들매기 낚시를 하러 갔다…

멀리 중부 지방 산업도시의
굴뚝들이 불그스레하게
빛나는 모습이 보였다…

에릭이 토끼 사냥을 하는 동안,
제신타는 버섯을 땄다…

두 젊은이는 그 지역의 동물상과 식물상에 열중했다…

많은 동급생들과 달리, 에릭은 옥스퍼드 대학교에 가지 않을 작정이었다.

그리고 가족사 때문인지 몰라도, 버마 주재 경찰이 되는 꽤나 이상한 선택을 한다.

그는 경찰 학교를 거쳤는데, 다음 사진에 보이는 것처럼 동급생들 중에 키가 가장 컸다.

1922년 대형 여객선을 타고 아시아로 가는 긴 여행을 하던 중 그는 처음으로 계급의 차이를 깨닫는다.

그에게는 '거의 신적인 존재'로 느껴졌던 숙련된 영국인 조타수가…

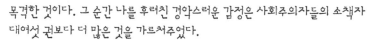

첫 조각을 잘라낸 크림 케이크 하나를 승객들 식탁에서 슬쩍해 쥐새끼처럼 갑판을 따라 도망치는 모습을 우연히

목격한 것이다. 그 순간 나를 후려친 경악스러운 감정은 사회주의자들의 소책자 대여섯 권보다 더 많은 것을 가르쳐주었다.

나리, 이리 좀
와보십시오!

지금 당장 소총을
가지고 오세요!

집에서 기르던 코끼리가 미쳐
날뛰며 시장을 난장판으로
만들고 있습니다!

진열대를 망가뜨리고,
암소 한 마리를 죽이고,
쓰레기 트럭을 부쉈어요.

방금 이 인부를 발로
짓밟았고요!

코끼리를
죽여야 해!

죽여라!

실탄이 다섯 발
있습니다.

모두들 나리가
할 일을 하길
기다리고 있어요.

나는 총으로 무장한 백인으로서 거기에 있었다…

겉보기에는 내가 드라마의 주인공이었지만,
사실 나는 영혼 없는 일종의 허수아비였다…

나는 그 코끼리를 죽이고 싶지 않았다. 그러나 나에게는
선택의 여지가 없었다. 군중은 입을 다물고 꼼짝 않고 있었다.
수많은 사람의 가슴속에서 깊은 한숨이 새어나왔다.

타아아아앙

33

이후 나는 웃음거리가 될까 봐 두려워서 그렇게 행동했음을 누군가 알아차리지 않았을지 종종 생각했다.

그 시절, 나는 제국주의 자체가 악임을 이미 알고 있었다. 내가 제국주의 경찰이라는 더러운 직업을 그만둬야 한다는 것을, 빨리 그만둘수록 더 좋다는 것을 일찍부터 알고 있었다.

열대 계절풍의 열기 속 카우크타다의 영국인 클럽…

소설 《버마 시절》의 너그러운 주인공 플로리…

그래서 플로리, 자네는 늘상 원주민들에게 반해 있는 건가?

버마 사람들은 몽골족이고, 인도 사람들은 아리안이나 드라비다족이지요…

태어날 때부터 한쪽 뺨에 푸른 반점이 있어 초라해 보이는 플로리…

검둥이라고 부르지 않았으면…

플로리는 다른 영국인들에게 비웃음을 샀다.

아, 이런 이야기는 그만합시다. 검둥이든 아리안이든 좋을 대로 아무렇게나 불러요. 상관없어.

38

결국 엘리자베스는 플로리의 청혼을 거절했고,
플로리는 자신의 개를 쏘아 죽인 다음 스스로 목숨을 끊었다.

그리하여 제국의 질서가 카우크타다의 영국인 클럽을 계속 지배했다.

탕

탕

에릭 블레어는 버마에 관한 이 소설을 집필하기
훨씬 전인 1927년에 영국으로 돌아왔다.

그는 아시아에 머물면서 영국령 인도제국 장교의 콧수염을 얻었다.
제국주의에 대한 증오도…

귀국은 퍽이나 음울했다.

제신타와는 사이가 멀어졌고, 그는 사우스월드의 부모님 집에 살면서 글을 쓰기 시작했다.

돈 한 푼 없고 일자리도 없었지만, 그는 주관이 매우 뚜렷했다. 몇몇 친구는 그를 '토리당*'의 아나키스트'라고 불렀다.

* 영국 보수당의 전신.

40

그는 영국의 오래되고 훌륭한 문화를 존중하는 보수주의자였다.

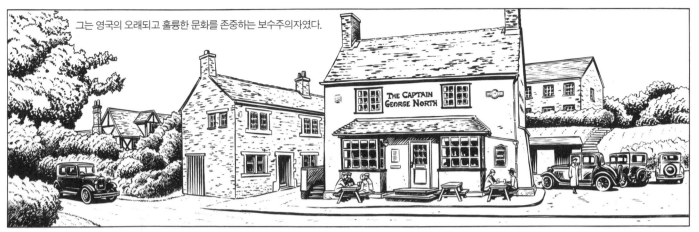

서민적인 펍에서 마시는 라이트 맥주(그는 이것을 무척 좋아했다)에서…

영국 성공회의 낡아빠진 의례들까지(이것은 정말로 좋아하지는 않았다).

하지만 그는 아나키스트이자 반反순응주의자로서 포토벨로 로드에 살면서 런던 하층민들과 자주 어울렸다.

자네 저 사람 악센트 들었나?

자유분방한 괴짜스러움과 사회에 대한 연민을 하나로 결합하면서, 그는 고국에서 '원주민'이 되었다.

이튼스쿨이라도 나온 것처럼 거드름을 피우는군. 안 그래?

41

1928년, 그는 프랑스 파리로 건너가 포드페르로路에 머물면서, 1933년에 펴낸 작품* 제목처럼 '파리의 밑바닥 생활'을 했다.

가난한 이민자 프롤레타리아들 곁에서 하루하루 끼니를 걱정하는 생활을 하며 그는 에밀 졸라와 잭 런던을 함께 떠올렸다.

파리에서 얻은 첫 일자리는 리볼리로에 있는 큰 호텔의 접시닦이였다. 이미 반세기 전에 피에르 부르디외의 사회학적 관찰을 예고한 셈이다.

* Down and Out in Paris and London. 국내에서는 '파리와 런던의 밑바닥 생활', '파리와 런던의 따라지 인생' 등의 제목으로 번역되었다.

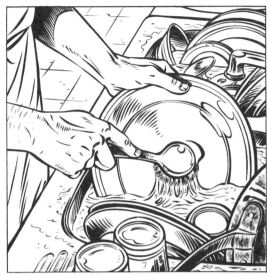

이봐, 영국인 접시닦이!

저 말입니까?

자네 그 콧수염 좀 깎아야겠어.

왜 그래야 하죠?

우리 식당에서는 요리사만 콧수염을 기를 수 있어. 그걸 몰랐나?

이 콧수염 사건으로 호텔을 지배하는 미묘한 계급 체계를 깨달았다… 호텔도 군대와 마찬가지로 위계질서의 사다리가 엄밀하게 존재했다.

사다리의 맨 위에는 총지배인이 있었다. 직원들은 손님들의 식사보다 더 정성 들여 그의 식사를 준비해야 했고, 그는 별실에서 식사를 했다.

주방장은 주방에서 식사를 했지만, 별도의 식탁을 사용했고 주방 보조의 시중을 받았다.

주방장 밑에는 연미복을 입을 권리가 있고 육체노동을 면제받는 인사과장이 있었다.

웨이터가 식당 안으로 들어가는 광경은 시사하는 바가 매우 컸다. 평소의 상스러운 면이나 신경질은 온데간데없이 사라졌다. 사제들이 청산유수로 설교를 하듯 양탄자 위를 미끄러지듯 걸어 들어갔다.

그러나 동료들과 함께 있을 때는 다른 사람이 되었다. 웨이터는 남에게 봉사하는 직업이지만, 늘 부자들을 상대하느라 정신상태가 속물이 되었기 때문이다.

객실 청소부, 세탁부, 카페 주인, 소믈리에, 창고 담당자, 수하물 담당자, 아이스크림 상인, 빵집 주인, 야간 경비원, 문지기도 있었다…

접시닦이는 유럽 내 모든 인종에서 충원되었다. 우리 접시닦이들은 호텔에서 최하층이었고 사람들의 멸시를 받았다. 우리는 역겨운 음식 냄새와 땀 냄새가 진동하는 주방에서 일했다.

주방 곳곳에 각종 식량이 숨겨져 있었다. 웨이터들이 파렴치하게 좀 도둑질을 했기 때문이다. 웨이터가 그릇을 설거지하고 난 헹굼물로 세수를 하는 일도 드물지 않았다.

식당에서는 손님들이 절대적으로 우월한 존재였다. 식당에는 티 없이 깨끗한 식탁보가 깔리고, 꽃 장식이 놓이고, 곳곳에 도금한 도움장식과 아기 천사 그림이 있었다.

에릭 블레어는 빈털터리 상태로 다시 영국에 돌아와 다른 떠돌이 친구와
함께 런던 교외의 간이 숙박업소들을 전전했다.

이런 숙박업소들은
같은 데가 하나도 없어.

여기야, 벌써 사람들이 많구먼…

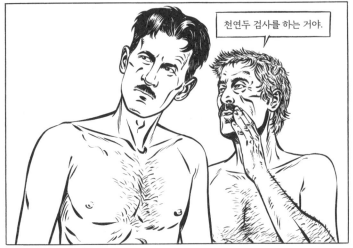

천연두 검사를 하는 거야.

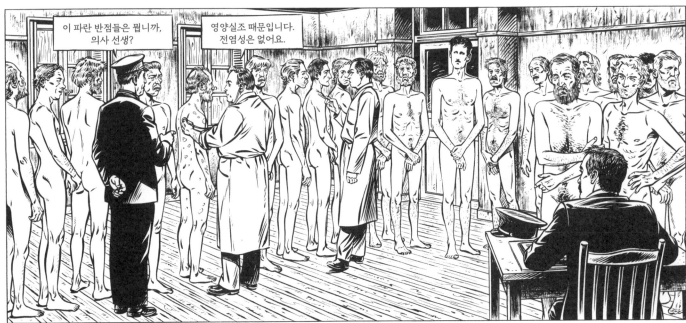

이 파란 반점들은 뭡니까,
의사 선생?

영양실조 때문입니다.
전염성은 없어요.

여기는
차 맛이 좋아.

하지만 여기서
차를 마시려면,
영혼부터
구원받아야
한다네.

예수 그리스도는 늘 보잘것없는
자들을 보호하셨습니다.

마지막으로
그분 앞에
무릎 꿇은 때가
언제입니까?

기도를 하니
고통이
누그러지지요,
안 그렇습니까,
형제?

여기는
어때, 패디?

여기서는
우스꽝스러운
기도 같은 건
필요 없어…

하지만
차 한 잔과
빵 두 조각에
4펜스를
내야 해.

빵에 버터나 마가린을
발라 주나?

소기름을 발라 준다네,
친구.

여기는 구세군에서 운영하는 쉼터야. 엄청 깨끗하지.

하지만 소독약 냄새가 고약하구먼!

고약하지, 고약해… 템스강 건너편이잖아…

모든 것은 상대적이라는 사실을 곧 느끼게 될 거야…

특히 씻지 않은 발 냄새 말이야. 안 그래, 블레어?

자기 전에 마지막으로 돈은 걸지 말고 한 판 할까?

내일은 또 다른 해가 떠오를 거야, 안 그래?

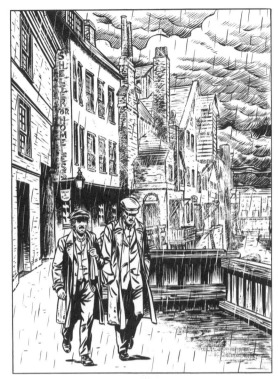

저 위쪽 시골로 가면
먹을거리가 더 많을 거야…

고맙지만,
패디…

난 자네와 함께
북부로 가지
못할 것 같아…

그동안 함께 다니면서
많이 배웠네…

그게 무슨
말인가?

에릭 블레어는 다양한 경험을 쌓으면서 저널리스트의 길에 들어서는 중이었다.

에릭, 어서 와 오랜만이군!

할 일이 좀 있었어.

어디서 지냈는지는 묻지 않겠네.

아, 자네에게 돈을 좀 줘야겠군.

그럴 필요 없어.

그런 소리 말고 받아.

일자리 소식도 있네. 아이들을 위한 지도교사 자리야. 그런데 아이들이… 좀…

말하자면 발달이 조금 지연된 아이들이야.

고맙네.

좋은 소식을 전해주지. 내가 친구들에게 자네가 쓴 글들을 보여줬는데, 평이 아주 좋아.

내 글을 보여줬어?

더 좋은 소식은, 자네 글을 더 보고 싶다고 자기들 잡지사에 와달라고 했다는 거야.

그게 정말인가?

투명인간 에릭 블레어로구먼!

자네가 우리 잡지에 글을 기고해주면 좋겠네.

지금 쓰고 있는 글은 무슨 내용인가?

교수형 이야기야.

매우 흥미롭군. 또 다른 글은?

켄트로 홉을 채취하러 가려고 준비 중이네. 홉 채취에 관해 글을 쓰려고.

그것도 무척 흥미로워…

하지만 거기서는 제멋대로인 런던내기들, 위험한 집시들과 함께 천막에서 잠을 자야 한다던데요!

바로 그런 점이 흥미로운 겁니다.

홉 수확은 물론이고 아이들 가르치는 일도 해야 했다…

그녀는 종교적, 사회적 순응주의에 완전히 짓눌려 있다.

이 경험을 바탕으로 그는 장편소설 《목사의 딸》을 썼다.

이 소설의 비장한 여주인공 도로시는 자신의 인생을 망친다…

도로시는 인생에 패배한 《버마 시절》의 주인공 플로리의·여성 버전이라 할 수 있다.

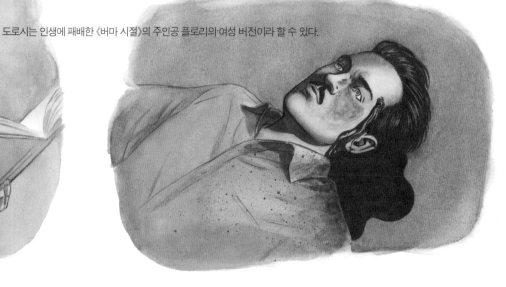

둘 다 가난하고 어려웠던 시절의 에릭 블레어 자신을 다소간 구현하는 인물들이다.

얼마 뒤 쓰게 되는 또 다른 장편소설 《엽란을 날려라》의 주인공 고든 콤스톡도 마찬가지다.

햄스테드에 위치한 어느 서점의
질투심 많고 의기소침한 판매원…

헌책방 '북러버스 코너Booklover's Corner'에서 점원으로 일했던 에릭 블레어를 투영한 인물이다.

무명작가였던 그는 명망 높은 여러 출판사에 투고했으나 모두 거절당했다.

에릭 블레어가
'필명'을 만들기로 결심한
순간이었다.

그가 하층민과 어울릴 때 가끔 사용한 가명인 버튼P. S. Burton을
필명으로 썼다면 그의 작품이 어떻게 되었을까?

루이스 올웨이스H. Lewis Allways라는 필명을 사용했다면
어떤 경험을 하고 어떤 작품을 썼을까?

케네스 마일스Kenneth Miles라는 필명으로 쓸 작품과 똑같았을까, 전혀 달랐을까?*

마침내 그는 조지 오웰George Orwell이라는 필명을 선택했고,
이 이름으로 명성을 얻게 된다.

* '루이스 올웨이스'와 '케네스 마일스'는 에릭 블레어가 필명을 고민하는 과정에서
'조지 오웰'과 함께 에이전트에게 후보로 제시했던 이름이다.

'오웰'은 에릭 블레어가 어른이 된 뒤
자주 낚시하러 갔던 강들 중 한 곳의 이름이었다…

2장

/

블레어가 오월을 창조하다

젊은 여자가 돌바닥 위를 엉금엉금 기면서, 부엌 개수대
와 연결된 동 배수관을 막대기로 쑤시고 있었다. 나는 한
동안 그 여자를, 그 여자의 볼품없는 앞치마를, 나무창을
댄 큼직한 신발을, 추위에 빨개진 팔을 찬찬히 뜯어보았
다. 기차가 지나갈 때 그녀가 고개를 들었고, 우리는 눈
길이 마주쳤다. 그녀의 얼굴은 동그랗고 창백했다. 노동
자 집안 딸의 지친 얼굴이었다. 스물다섯 살밖에 안 되
었지만 여러 번의 유산과 힘겨운 노동 때문에 흡사 마흔
살은 되어 보이는… 그녀의 얼굴에는 내가 살면서 본 중에
가장 침통하고 절망적인 표정이 새겨져 있었다.

나는 불현듯 우리가 "그들의 경우는 우리와 달라"라고 말
할 때 저지르는 실수를 깨달았다. 누추한 가정에서 태
어난 사람들은 자기들의 환경을 넘어서는 것을 결코 상
상하지 못한다고 생각해버리는 실수를. 그 여자는 자신
의 운명을 충분히 잘 알고 있었다. 매서운 추위에 노출된
채 돌바닥을 기고 있는 현실의 잔혹함을 나만큼이나 잘
이해했다…

노동 계급의 비참한 일상을 생생히 묘사한 《위건 부두로 가는 길》로
조지 오웰은 정치적 입장을 드러내는 작가가 된다…

나는 노동자 계급의 삶의 조건을 제대로 알지 못했다. 극단적인 경우들만 접했기 때문이다… '인간들 중 가장 하류의 인간'이야말로 내가 가까이 지내고 싶은 사람들이었다.

그는 실직으로 황폐해진 광산 지역에서 자기 작품의 주제와 그것을 이야기하는 방식,
꾸밈없이 정직한 문체를 찾아낸다.

우리는 여기서 계급 차별의 비밀스러운 토대를 맞닥뜨린다…
이것을 짧고 끔찍한 문장으로 요약할 수 있다. '저 사람들은 느낀다…'
부랑자들과 교류하면서, 나는 내 사회적 질병을 치유하고 회복되었다.

그는 비판적이고 강경한
사회주의자가 되기 위해,
'토리당의 아나키스트'라는
과거의 입장과 결별한다.

영국 공산당의 X 동지나 《유아를 위한 마르크시즘》의 저자를 보라…
나는 그 사람 같은 수많은 부르주아 사회주의자의 말에,
그들 자신이 속한 계급을 겨냥한 독설에 귀 기울였다…
그들은 마음속 깊은 곳에서는 프롤레타리아의 태도가 역겹다고 생각한다.

그가 반복해서 다룬
주제들이 인정을 받기 시작한다.
기계화, 상업화, 도시화에 대한
불신이…

'피시 앤드 칩스', 스타킹, 연어 통조림, 영화, 라디오, 그리고 축구 경기 결과 예측에 돈을 거는 행위 등이 혁명의 위협을 제거했다는 말은 무척 그럴듯하게 들린다… 이 모든 것은 지배계급이 교묘하게 꾸민 술책일까? 하지만 그런 술책이 가능할 것 같지는 않다.

악은 다른 곳에 존재한다. '노동이란 무엇인가'를 묻는 민중의 절대적 가치를 전복하면서…

탁탁탁
탁 탁 탁

부인할 수 없는 것은 실직이 모든 사람에게, 그리고 여자들보다 남자들에게 훨씬 더 절망적인 영향을 미친다는 사실이다…

하지만 어떤 미덕들은
사라지지 않고 늘
존재한다.

탁탁탁
탁 탁 탁

노동자 가정─실직자 가정이 아니다─은 다른 데서 쉽게 발견할 수 없는 따뜻함, 진정한 품위, 깊은 인간미를 호흡한다. 육체노동자가 '공부를 많이 한 사람'보다 행복해질 가능성이 높다고까지 말할 수 있다.

똑
똑
똑

《위건 부두로 가는 길》로
오웰은 (다소간) 신분을 감추고
현장에 잠입해 쓰는 글을 일컫는
'르포르타주'의 선구자 중
한 명이 된다.

원고가 또 반송되었군요, 선생. 걱정입니다.

늘 있는 일인데요 뭐. 하지만 같은 출판사는 아닙니다.

툭

나가서 친구와 산책 좀 해야겠습니다…

?!

그러는 게 좋을 것 같아요.

그럼요, 선생.

또 거절인가?

아직 때가 되지 않은 거야, 그뿐이라고.

우리의 동료 편집자 빅터 골란츠*가 자네가 무너지도록 내버려두진 않을 걸세.

그래도 화가 나는군.

그래, 여러 가지로 화가 날 거야.

* Victor Gollancz. 반전주의자, 사회주의자들의 논픽션을 주로 펴낸 출판인.

정말 그래.

첫째, 나는 런던이 싫어. 웃음거리밖에 안 되는 것들에 몰두하는 할 일 없는 부르주아들 말이야…

우리 모두에겐 모순이 있지.

대자본가의 하수인들을 이해조차 못 하는 노동당 정치인들도 싫어.

THE DAILY WORKER
WORKERS OF ALL LANDS UNITE
노동당 승리하다

모슬리*의 시위에 가는 저 검은 셔츠의 파시스트들도 비슷하게 싫고.

하지만 내가 가장 싫어하는 사람은 식민 제국을 지배하는 스코틀랜드 술주정뱅이들이지.

어이, 그만해. 스코틀랜드를 싫어하는 그런 강박증은 비이성적이야.

자네 말이 옳아.

우리 모두에겐 모순이 있지.

* Oswald Mosley. 영국의 정치인으로 1930년대에 영국파시스트연합의 지도자로 활동했다.

예를 들어, 나는 고양이를 좋아해.

새도 좋아하지.

하지만 고양이가 새를 공격하는 건 싫어.

이 녀석!

톡

그만 가세. 자네 지금 우울한 것 같아.

그래.

아무래도 자네는 시골에 정착하는 게 좋겠어.

그렇게 생각해?

그리고 내가 아가씨도 한 명 소개해줄게.

아가씨를?

아일린 오쇼네시라는
아가씨야.

아일랜드 여자인가?

응. 생각해봤는데,
스코틀랜드 여자보단 낫잖아.

그만 좀 해.

그 아가씨가
자네도 아는
친구들과 함께
우리를 기다리고
있어.

알겠네.

그 아가씨는 승마를 좋아해.
자네노 그렇시, 안 그래?

THE MOON UNDER WATER

그런 편이지.

골란츠 옆에 있는
바로 저 아가씨야!

나도 그런 것 같았어.

말하자면 제 정치성향은 독립노동당 쪽에 무척 가까워요.

반가운 얘기군요. 독립노동당은 진정한 좌파이자 독립적이고 용기 있는 정당이지요.

저는 우리나라를 통치하는 귀족들을 싫어해요.

당신 생각이 옳아요, 아일린. 그들은 돈만 많지 늙고 무능하기 짝이 없는 모리배입니다.

저는 히틀러와 그의 하수인들이 싫어요.

맞아요, 그것도 옳은 생각입니다. 많은 영국인이 위험을 원치 않아요.

하지만 스탈린과 소련 사람들도 똑같이 싫어요.

그건 더 일리가 있지요. 그들은 또 다른 형태의 위험을 몰고 올 테니까요.

이러다가 덜컥 전쟁이 일어날까 봐 걱정돼요.

저도 그렇습니다. 우리는 공통점이 참 많군요.

함께 살아도 될 정도로요?

돌아가기 전에
좀 달려볼까요?

좋아요.

이 작은 전원주택은 예전에 향신료 상점이었는데, 가게가 망했습니다.

돈밖에 모르는 장삿속 때문에 세상이 망가져버렸어.

신혼부부에게는 아주 좋은 집이에요.

그런 것 같군요.

안 그렇소, 아일린?

전기가 안 들어오네요.

그래도 기름 램프가 있소.

서재는 없네요

있습니다.

정원 깊숙한 곳에요.

욕실도 없나요?

아시반 스토브는 훌륭하군.

주방 설비도 제대로 배치가 안 되었네요.

베이컨 씨는 기계를 하나 들여놓으면 될 거요.

당신 곳곳에 머리를 찧네요.

집세는 일주일에 7실링이 넘지 않을 겁니다.

꽃이 없네요.

내가 장미나무를 심겠소.

채소밭이 버려져 있어요.

하지만 과실수들은 훌륭해. 사과를 수확할 수 있을 거요.

여기서 닭도 키울 수 있을 테고.

…그리고 거위도.

당신은 정치적으로 비관론자잖아요…

하지만 인생에는 낙관론자네요.

그래, 어떠십니까?

이 집으로 할게요.

월링턴에서 우리는 정말 행복했어요, 에릭.

그렇소, 아일린.

내 인생에서 가장 좋은 한 해였지.

하지만 난 항상 스페인을 경험하고 싶었소. 거기서 실제로 무슨 일이 일어나는지도 내 눈으로 직접 보고 싶었고.

독립노동당 친구들이 써준 추천장은 잘 가지고 가는 거죠?

추천장은 여기 있소.

책은 많이 안 가져가네요.

글을 쓰려고 바로셀로나에 가는 게 아니라, 싸우러 가는 거니까.

벌써 많은 기자들이 헛소리를 늘어놓고 있소.

그러니 현장에서 상황을 직접 보고 싶소.

곧 나를 따라와요!

꼭 갈게요!

노동자 계급이 권력을 장악한 도시에 가본 것은 난생처음이었다.

곳곳에서 노동자들이 교회를 파괴했고, 성상聖像들이 불에 탔다.

이제는 아무도 세뇨르나 돈 혹은 우스테드 같은 호칭을 사용하지 않았다. 다들 서로에게 반말을 했고, '동무'라고 불렀다.
인사할 때도 부에노스 디아스 대신 살루드라고 말했다.*

* '세뇨르, 돈, 우스테드'는 존칭 표현, '부에노스 디아스'는 격식을 차린 인사말, '살루드'는 격식을 차리지 않은 인사말이다.

76

독립노동당 동지들이 보낸 분이군요.

에릭 블레어, 작가이고 영국에서 왔습니다.

여기 추천장이 있습니다.

조르주 코프Georges Kopp, 사령관이고 벨기에 사람입니다. 서류 같은 건 필요 없어요.

사실 저는 전국노동자연맹 (CNT)에 가입하고 싶습니다.

왜 그 아나키스트 친구들인 거죠? 우리 통합노동자당(POUM)의 전사들도 정말 용감하게 싸우고 있는데!

곧 전선으로 떠날 부대를 조직하는 중입니다.

총은 쏠 줄 압니까?

버마에서 경찰관으로 일한 경험이 있습니다.

하지만 사람에게 실제로 총을 쏘아본 적은 없어요.

앞으로도 그러길 바랍니다.

통합노동자당 사람들은 잔인한 전쟁광이 아닙니다!

자유로운 전사들일 뿐이지요!

나와 함께 레닌 병영에 가보면, 우리가 왜 당신 같은 사람을 원하는지 알게 될 겁니다.

출구

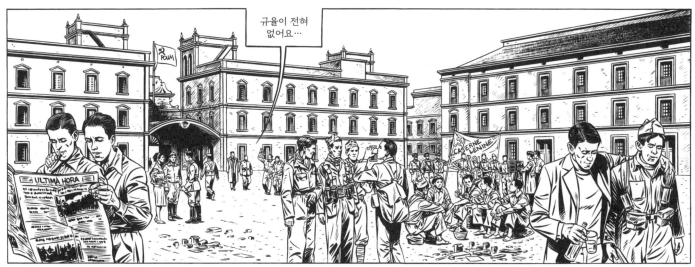

규율이 전혀 없어요…

저 소년들도 통합노동자당 소속 병사들인가요!

오물투성이군요!

도시에서 살아본 적이 한 번도 없는 가난한 농민들입니다.

이것이 이 민병대에서 사용하는 무기입니까?

1896년산 모제르 소총이군요!

게다가 이 사람들은 총 관리하는 법을 몰라요..

그렇군요, 완전히 녹이 슬었어요…

자, 영국인 동지, 이곳 상황은 다 보았고, 이제 시에라로 떠날 준비가 되었습니까?

물론이지요, 코프 동지…

며칠 뒤 람블라스 거리에서 기차역까지 시가 행진이 있을 겁니다.

그런 다음엔 바로 출발이에요.

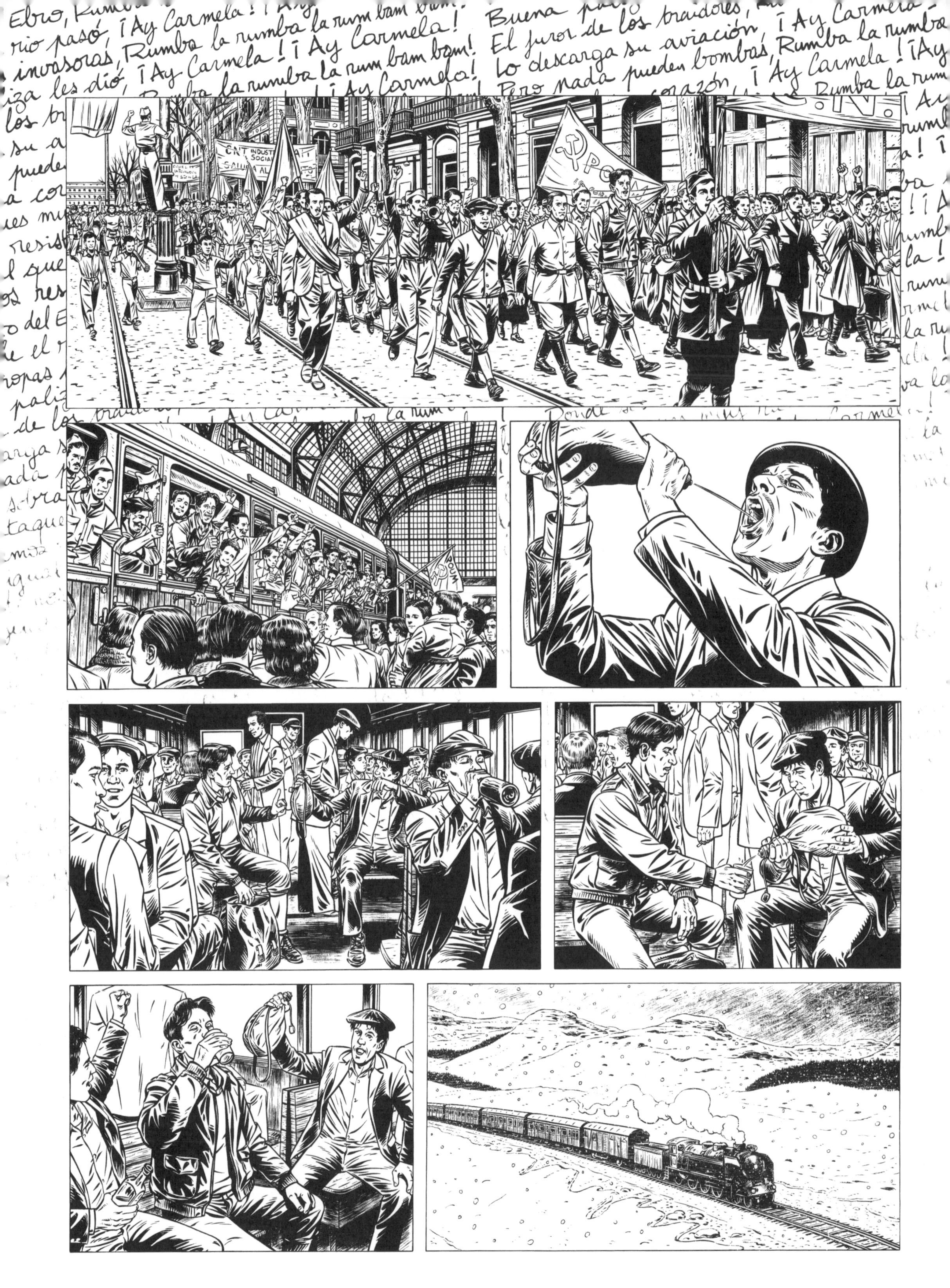

rio pasó, ¡Ay Carmela!
invasoras, Rumba la rumba la rum bam bam!
¡Ay Carmela! ¡Ay Carmela!
iza les dió, ¡Ay Carmela! ¡Ay Carmela!
la rumba la rum bam bam!
El furor de los traidores, ¡Ay Carmela
lo descarga su aviación, Rumba la rumba
Pero nada pueden bombas, Rumba la rum
¡Ay Carmela! ¡Ay
corazón,
CNT
INDUST
SOCIAL
POUM

우리 참호는 이쪽입니다.

파시스트들은?

저기 불빛이 반짝이는 곳이 그들의 참호예요.

양쪽 참호 사이에는 무인지대가 있지요. 거기서 배회하는 사람은 죽거나 죽은 것과 다름없는 신세가 됩니다…

그동안 전투가 있었습니까?

그렇게 많지는 않았습니다. 우리에겐 중화기가 없고, 총들도 대부분 고장 나서 쓸모가 없어요.

하지만 양쪽에서 총을 마구 난사합니다. 최악의 위험은 유탄이지요.

그건 그렇고, 키가 크니 조심해야 할 겁니다, 동지…

우리가 기관총을 가져왔습니다.

그거 잘됐군요.

기관총을 내리러 갑시다, 동지들.

기관총을… 이 근처에 내립시다!

안 됩니다!

그럼 다른 방법이 있습니까?

동지, 이곳은 다른 군대와 다릅니다. 우리 통합노동자당 에서는 명령이 아니라 토론을 해요.

그래요?

그렇습니다.

좋아요,
알았습니다.

동지들이 배가 고파요.
우선 바르셀로나에서 보낸
음식을 먹고 싶어 합니다.

기관총을 한 시간 뒤에 내린다고
달라질 게 뭐 있겠습니까?

맞습니다.

식사부터
하세요.

그런데 기관총 사용법을 아는 사람이
아무도 없습니다.

그게 정말입니까?

하지만 오해는 마십시오. 이 사람들은 동지가 말만 하면
즉시 공화국을 위해 목숨을 바칠 각오가 되어 있습니다.

혁명의 규율은 정치의식에서 나오지요.

기관총 사용 설명서가 어디 있지?

병사들의 사기를 떨어뜨리는 유일한 존재는 이와 벼룩이랍니다.

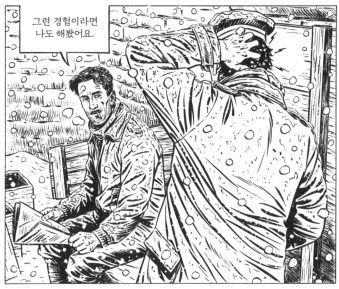

그런 경험이라면 나도 해봤어요.

쥐는요?

그것도 경험 해봤지요.

나는 영국 하층민 사회에 관심이 많습니다. 거기서 국민이 형성되니까.

추위는요? 여기는 영국과 다른데.

네, 이곳 추위가 더 지독하네요.

탕
탕

불을 피우려고 땔감을 찾으러 갔다가 이렇게 됐답니다.

그러지 말아야 했는데.

강으로 가면 안 됩니다.

이를 없애는 방법은 그것뿐인데.

그래봐야 며칠이나 가겠어요? 이는 절대 박멸되지 않습니다.

실탄 한 발만 있으면 해결될 겁니다. 내가 장담해요.

파시스트들의 총이 우리 총보다 명중률이 더 높습니다.

하지만 이는 없애야 하잖소, 동지!

이!

당신 부인이 도착해서 콘티넨털 호텔에 묵고 있어요.

부인이 보낸 차, 초콜릿, 시가입니다.

오, 고마워요.

하지만 나쁜 소식도 있어요.

시내에서 충돌이 있었습니다.

어떻게 그런 일이 일어났죠? 거기엔 공화주의자들뿐인데!

통합사회당(PSUC)의 공산주의자들이 우리를 비난하고 있어요!

뭐라고요?

우리가 배신하고 프랑코 쪽에 붙어 스파이질을 했다는 겁니다.

트로츠키주의자들과 공모했다고 우리를 비난해요.

우리가요?

그럼 여기 이 병사들은요?

음모를 꾸민 트로츠키주의자들과 파시스트들은 그렇다 치고, 이 병사들은 몇 달 전부터 최전선에서 이렇게 죽어가고 있는데?

통합노동자당의 정신은 이곳 참호에 있어요. 다른 어디도 아닌!

그리고 이 사람들은 트로츠키라는 이름조차 알지 못합니다.

소련인들이 콘티넨털 호텔에 머물면서 우리에 관한 헛소문을 퍼뜨리고 있어요.

아일린이 위험하진 않을까요?

당분간은 괜찮을 겁니다.

하지만 그들이 감히 통합노동자당은 프랑코의 제5열(간첩)이라고 말한다면서요!

전국노동자연맹 사람들보고도 배신자라고 비난하고 말입니다! 정부의 볼셰비키들이 우리 뒤통수를 치다니!

스탈린은 스페인에 사회주의 혁명이 일어나는 걸 원치 않아요. 서구 열강들을 자극하고 싶지 않은 거죠.

이것이 현실입니다

하지만 스탈린과 그의 수하들은 적어도 전쟁에서 승리하길 원하지 않습니까?

그래요, 나도 그렇게 생각합니다.

하지만 노동자와 농민의 지지 없이 승리할 수 있을까요?

그렇다고 믿고 싶군요.

나는 다시 도시로 돌아갑니다.

부디 몸조심해요, 블레어 동지.

당신도 조심해요, 코프 동지.

새벽 다섯시, 참호 앞에 높이 쌓아놓은 벽 뒤쪽 공간. 우리는 떠오르는 해를 등지고 있었다.
언제나 그렇듯, 위험한 시간이었다. 우리의 머리가 엄폐물 밖으로 삐져나가기라도 하면
하늘을 배경으로 그 윤곽이 뚜렷하게 드러날 테니까.

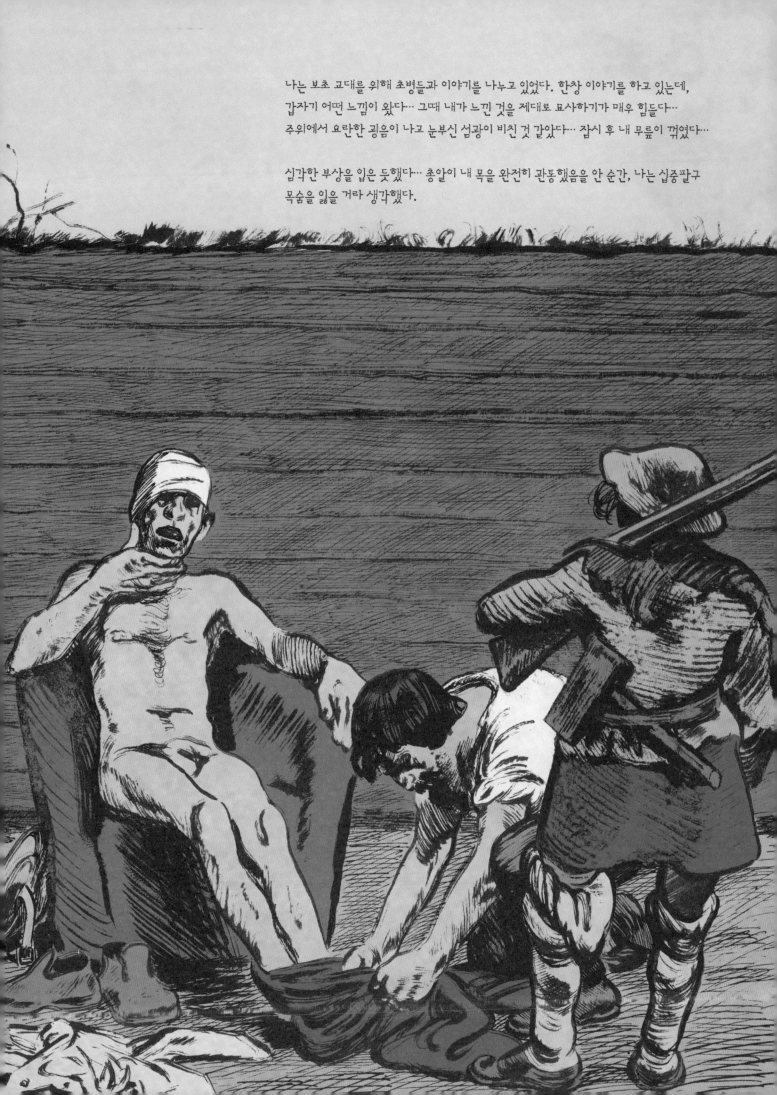

나는 보초 교대를 위해 초병들과 이야기를 나누고 있었다. 한창 이야기를 하고 있는데, 갑자기 어떤 느낌이 왔다… 그때 내가 느낀 것을 제대로 묘사하기가 매우 힘들다… 주위에서 요란한 굉음이 나고 눈부신 섬광이 비친 것 같았다… 잠시 후 내 무릎이 꺾였다…

심각한 부상을 입은 듯했다… 총알이 내 목을 완전히 관통했음을 안 순간, 나는 십중팔구 목숨을 잃을 거라 생각했다.

천만다행입니다!

천만다행이에요!

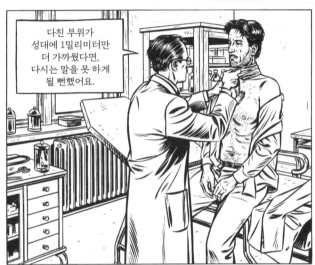

다친 부위가 성대에 1밀리미터만 더 가까웠다면, 다시는 말을 못 하게 될 뻔했어요.

이곳으로 이송되는 동안 잘 버텨줬고, 야전병원에서도 놀랍도록 응급조치를 잘해줬습니다… 천만다행이에요!

천천히 회복하고 있습니다. 하지만 이 요양소에서 나갈 때 조심하세요.

그게 무슨 뜻입니까?

의사 선생님 말이 맞습니다.

공산당이 다른 정치 세력들을 하나하나 제거했고, 이제는 모든 권력을 독점하고 있어요.

그래서요? 그거야 예측했던 일 아닙니까.

아마도요.

하지만 변절자라는 죄목을 씌워 국제여단과 민병대의 외국인들을 점점 더 많이 투옥하고 있습니다.

성규군 소속도 아닌데 어떻게 변절자가 될 수 있단 말입니까?

당신이 마지막으로 휴가를 다녀간 이후 바르셀로나에서 많은 일이 일어났어요, 동지.

무슨 일이요?

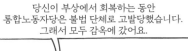

당신이 부상에서 회복하는 동안 통합노동자당은 불법 단체로 고발당했습니다. 그래서 모두 감옥에 갔어요.

그들이 총살될 거라고들 합니다.

당신은요?

국민경호대의 수배 대상에 올랐죠.

당신을! 파시즘에 맞서 싸우기 위해 가족과 국적까지 희생한 사람을!

당신을!

휴우…

부인과 만나서 가능한 한 빨리 이곳을 떠나요. 이것이 내가 해주고 싶은 조언입니다.

난 그럴 생각 없습니다.

람블라스 거리를 15분만 걸어보면 그래야 한다는 생각이 들 거요.

이쯤에서 헤어져야겠군요. 그들은 당신이 돌아온 걸 아직 알지 못할 겁니다.

그럼 안녕히!

코프, 내 동지, 내 친구.

안녕하세요.

안녕하세요, 파블로.

가요!

무슨 일이오?

빨리 여기서 나가요.

하지만 아일린…

저 뚱뚱한 러시아 사람 보여요?

지금은 저 사람 말이 곧 법이에요.

하지만 아일린…

우리 영국 영사관으로 가서 출국 비자를 받아요.

그것이 체포를 피할 수 있는 유일한 길이에요.

하지만 아일린…

나는 통합노동자당 당원도 아니오.

떠나요, 에릭.

호텔은 안 돼요.

전부 감시받고 있으니까.

99

관광객입니까?

예?

관광객이세요?

그렇
습니다만.

곧 프랑스를
지나갈 겁니다. 거기서도
여행을 계속하실 건가요?

네,
그럴 거예요.

조지 오웰은 고국으로 돌아갔다…

그는 1938년에 《카탈루냐 찬가》를 출간했다. 공화파 군대가 밀려난 에브로강 전투가 벌어진 해이기도 하다.

국제여단은 스페인을 떠났고,

프랑코의 파시스트 군대가 바르셀로나에 입성했다.

3장

/

오월은 누구인가

오웰의 인생에 새로운 장이 열렸다. 작가로서 그리고
저널리스트로서 그의 활동이 점점 주목을 받게 된다.

이때 프레드릭 워버그Fredric Warburg가
오웰의 출판인이 되어 끝까지
그의 곁에 머무른다.

스탈린은 모스크바 재판을 통해 반대파를 철저히 숙청했고, 이 사건으로 오웰은
소련 체제의 이중성을 인식했다.

오웰은 마르크스주의자가 아니었고, 유럽의 골수 공산당원들과 여러 레닌주의
당파들을 경멸했다.

그는 '당파'를 짓는 것과는 거리가 멀었다. 보통 사람들의 위대함을 의미하는 프롤레타리아의
전위前衛를 믿었을 뿐이다. 그들의 '상식적인 품위'가 그에게 영감을 주었다.

그는 혁명적 사회주의자였고,
무엇보다 영국인이었다.

그는 좌파 혹은 극좌파라는 타이틀을 달고
깊은 성찰이 담긴 수많은 시평, 서평, 소설,
에세이, 시를 발표했다. 유머가 깃든
다양한 주제와 장르의 글들이었다.

예를 들어, 차 마시는 일에 관한 지극히 신성한 의례(상황과 관계없이)

무엇보다 인도나 실론에서
들여온 찻잎을 사용해야 한다…
찻주전자는 사기나
토기 재질이어야 하고,
사용하기 전에 데워야 한다.
여과기나 모슬린 티백은 차 맛을
해치므로 써서는 안 된다…
먼저 나팔 모양으로 벌어지지 않고
깊지 않은 원통 모양의 찻잔에
차를 담는다…
'우유' 선호파에 대해서는 논쟁의
여지가 있다. 그들은 우유를
지나치게 많이 넣는 위험을
무릅쓰니 말이다.

영국 요리
(그는 영국 요리를 '옹호하고 드높이는' 글을 썼다.)

모든 사람이—심지어 영국인들 자신도—영국 요리가 세상에서 가장 형편없다는 데
동의한다. 하지만 그런 견해는 잘못되었다. 영국에도 맛있는 특산 음식이 많이 있다.
우선 훈제 청어, 요크셔 지방의 푸딩, 머핀 그리고 크럼펫이 있다.
수고를 자처한다면 푸딩 목록만 열거해도 끝이 없을 것이다…

스포츠 정신
(그리고 그 결과들)

스포츠를 통해 국가들 사이의 우정을 증진할 수 있다는 말을 들으면 나는 늘 어리둥절했다…
사람들은 국가 대항 스포츠 경기를 보고 분노하며, 적어도 그 순간만은 달리기, 높이뛰기, 공차기가
자기 국가의 미덕을 빛내는 활동이라고 굳게 믿으니 말이다.

크리켓(그리고 골프)

크리켓은 근본적으로 속물적인 스포츠가 아니다…
게임을 한 번 하려면 스물다섯 명 정도의 선수들이 있어야 하므로,
불가피하게 서로 다른 사회계층 출신이 교류하게 된다.

전형적인 속물 스포츠는 골프다.
골프는 시골의 넓은 땅을
한 계급의 배타적 즐거움을 위해
보존되는 땅으로 만들어버린다.

장미나무(더 정확하게는 자기 집 앞에 심은 것)

울워스 백화점에 6펜스가 넘는 물건이 하나도 없던,
가장 좋은 물건 중 하나가 장미나무였던 호시절의 이야기다… 나는 예전의 우리 집 앞을
지나갔는데, 내가 심을 때 아이들 새총만 하던 작은 장미나무가 크고 빽빽한 덤불이 되어 있었다.

래플스(그리고 미스 블랜디시)*

'의적' 래플스는 영국 소설 중 등장인물이 패나 현대적인 활약을 보여주는 《미스 블랜디시》와 비교해볼 때 흥미로운 작품이다.
래플스는 상층 중간 계급 출신이다.
[…] 그리고 그가 저지르는 악행은 가벼운 죄일 뿐이다…

제임스 해들리 체이스와 함께 거름 구덩이로 들어가 보자.
우리는 거기서 여덟 건의 살인사건과 수없이 많은 시체들을 발견한다.
[…] 그리고 분명 피학성향이 조금 있는 강도는 단도에 찔리는 순간
오르가슴을 느낀다. […] 체이스의 소설 속에는 신사도, 금기도 없다.

('역겨운') 미국 만화

괴상한 과학자들이 비밀 실험실에서 원자폭탄을 만들고,
슈퍼맨이 구름 사이를 날아다니고, 기관총 탄알들이 마치 완두콩처럼
그의 가슴에 맞고 튀어 날아가는, 혹은 금발의 여자들이 강철로 된
로봇과 길이 15미터의 공룡들에게 강간당하는 컬러 만화들을
자라나는 아이에게 읽히면서 어느 누가 두렵지 않겠는가?

* '래플스' 시리즈는 영국 작가 호닝E. W. Hornung이 창조한 신사 도둑 캐릭터 래플스의 활약을 그린 추리소설이며, 《미스 블랜디시No Orchids for Miss Blandish》는
영국 작가 체이스James Hadley Chase의 대표작으로, 폭력성이 강한 하드보일드 소설이다.

휴양지(1940년대에 이미)

1) 결코 혼자 있는 법이 없다.
2) 혼자 힘으로는 아무것도 하지 않는다.
3) 어떤 자연물도 마주하지 못한다.
4) 빛과 기온이 인공적으로 조절된다.
5) 도처에서 음악이 나온다.

(외국인) 관광객

영국은 관광객들이 좋아할 만한 나라다… '출입 금지' 표지판을 맞닥뜨리지 않고 거리를 거닐 수 있다면, 부동산 개발업자들이 멋진 풍광을 전부 파괴하는 것을 막을 수 있다면… 일요일이 하루아침에 침울한 날로 변해버리지만 않는다면… 하지만 정말로 그렇게 된다면, 영국은 더 이상 영국이 아닐 것이다.

작위 수여식(사업가들)

새해의 작위 수여식 사진들을 훑어보면서,
나는 거기 나온 사람들의 얼굴이 이상할 정도로
추하고 상스럽다는 사실에 충격을 받았다.
좋게 말해서 잘 먹은 카페 주인 같고 나쁘게 말하면
십이지장궤양에 걸린 세금 징수관 같은 사람이
팰콘타워스의 퍼시 경이라고 불릴 자격을
얻는다는 규칙이라도 있는 것 같다.

'기초 영어'(그리고 정치)

이것이 의미가 없다고 선언되지 않는 한,
'기본적으로' 우리는 간결한 발화를 할 수가 없다.
이런 이유로 그토록 많은 교육자, 저널리스트, 정치인
그리고 문학평론가들이 이것을 거부하는 것이다.

'영어'(그리고 정치)

• 어딘가에서 본 듯한 비유를 사용하지 말 것.
• 같은 의미의 짧은 단어가 있다면 긴 단어를 쓰지 말 것.
• 불필요한 단어는 반드시 삭제할 것.
• 일상어에 상응하는 단어가 있다면 전문용어는 사용하지 말 것.
• 실수할까 봐 두렵다면 이런 규칙들은 잊어버릴 것.

110

오웰에게는 이를테면 휴머니즘을 탐구한 버트런드 러셀 같은 명망 높은 친구들이 있었다…

그가 열정적으로 옹호했던 제임스 조이스를 비롯한 수많은 작가들도.

놀랍게도, 그는 실수로 '나치 독일 협력자'가 된, 웃음을 터뜨리게 하는 '지브스' 시리즈의 작가 P. G. 우드하우스를 용서했다.

'지브스' 시리즈의 놀라운 성공 이후, 우드하우스는 자신의 작품을 순수한 우화로 포장하려고 평소의 자신과 다르게 코믹소설(영국에서는 고결하게 여겨지는)을 피하기에 이른다. '근본적으로 병적인' 니체를 발견하면서, 그는 '선악의 저편'에 자리 잡는다.

THE
INIMITABLE
JEEVES
By
P.G.Wodehouse

그러나 우드하우스의 작품에는 1930년 풍자화가 데이비드 로가 고안한 인물인 블림프 대령* 같은 우스꽝스러운 인물들도 등장한다.

선생, 비티 경 말이 옳아요. 우리는 적이 우리가 그들이 구축하고 있는 것보다 더 큰 규모의 해군을 구축하고 있다는 이야기를 듣고 구축할 해군보다 더 큰 규모의 해군을 구축해야 합니다.

블림프 대령의 방위 조치

그리고 모든 블림프들은 일반적으로 군국주의자에 편향한 반동주의자들이다.

* 로David Low의 만화에 나오는 블림프는 거만한 퇴역 장교로, 보수적이고 반동적인 영국 상류층 군인을 풍자한 캐릭터이다.

동물들은
잘 샀어요?

잘 샀소. 내일
가져다줄 거요.

이제 들어가요.

이런 날씨에
오토바이를 타고
돌아다니면 건강에
해로워요

애들을 뭐라고
부를 거예요?

사나운 이 수탉은…
헨리 포드,

이 영리한 복슬강아지는
마르크스라고
불러야겠소.

당신이 공산주의자를
영리하다고 말하는 건
처음 듣네요!

내가 당신 친구들을 불렀어요. 의사 선생님도 당신을 보러 올 거고요. 이렇게 힘겨운 상태로 계속 버틸 순 없어요.

콜록… 콜록…

그럴 필요 없소… 콜록… 콜록…

곧 괜찮아질 거요. 흔한 감기일 뿐이야.

그래서요, 선생님. 그냥 감기일 뿐이죠, 안 그렇습니까?

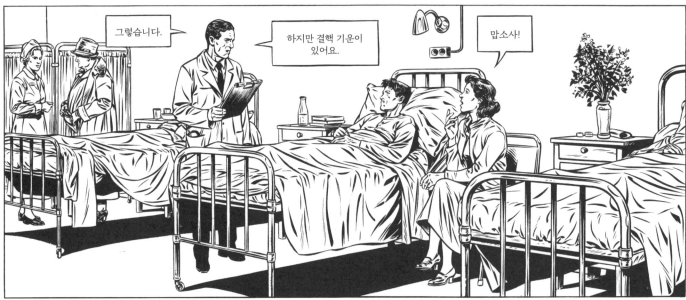

그렇습니다.

하지만 결핵 기운이 있어요.

맙소사!

남편분이 건강을 회복하려면 우리 결핵요양소에 머물러야 합니다.

치료받는 동안 일을 못 하게 되진 않을까요?

그건 환자분에게 달렸습니다.

그러니까 일을 못 하게 되지는 않을 거예요, 내 말을 믿어요.

간호사님, 담배 한 대 주시면 안 될까요?

안 돼요, 환자분.

저는 환자분이 이런 독한 담배를 어떻게 견뎌내는지 모르겠네요.

담배는 차와 같은 것이죠.

가장 검고 가장 독한.

워버그 씨가 보낸 차예요. 환자분에게 좋을 거예요.

친구들에게서 전보가 왔어요.
이렇게 모로코에 머무는 동안
당신 건강이 좋아졌는지 묻네요.*

무척… 콜록콜록…
좋지…

방금 친구들의 도움에
감사하는 편지를 썼소.

우체국에
가겠소?

좋아요, 겸사겸사 마라케시에서
산책도 좀 하고요.

* 오웰은 1938년 9월부터 1939년 3월까지 모로코의 마라케시에서 요양하면서 소설《숨 쉬러 나가다Coming Up for Air》를 완성했다.

118

이 무장한
사람들은 누구죠?

세네갈 저격병들이오.

프랑스 식민지 개척자들도 영국의
나이 많은 보수주의자들보다 나을
게 없어요. 다른 원주민을 쏘기 위해
자기들의 원주민을 이용하는 거지.

이 불행한 사람들이 자기들
주인을 향해 총구를 돌리기까지
시간이 얼마나 걸릴까?

당신도 알다시피,
곳곳에서 전쟁이
일어나잖아요..

이제 영국으로
돌아가야 할 것 같소.

시골로요?

일단은
그래야겠지.

하지만 그런 다음엔
런던으로 갈 거요.

파시즘이 활개를 치던 시절도
지났고, 나는 우리 조국에
도움이 되는 일을 하고 싶소.

안 됩니다,
블레어 씨.

입대하기에는 결핵 후유증이
너무 심각해요.

하지만 국민군은
고려할 수 있을 겁니다.

국토방위군 말입니까?
좋습니다!

국민군은 군복도, 무기도,
규율도 없습니다…

그런 것은
카탈루냐에서 이미
경험했습니다.

여러 신문에 글을 씁니다.

음… 저널리스트라고
적겠습니다, 괜찮죠?

마음대로
하세요.

BBC에서 인도를 대상으로
선전방송을 하는데 거기서
시평을 담당하고 있고요.

선생이 하는 일들이 있는데 런던으로 이동할 수
있겠습니까? 그러니까… 전쟁이… 나면 말입니다.

물론이지요…
콜록… 콜록… 콜록…

런던 종합 모병소

런던 모병소
육군 특수군

국토
방위군

훈련은 내일 시작입니다.

여러분, 오늘은 시가전 훈련입니다.

총검이 없으면, 이런 부지깽이를 사용하면 됩니다.

독일놈들의 저 폭탄은 아주 높은 데서 떨어진 게 아니에요.. 그렇죠, 친구?

마치 도시 바로 위에서 떨어진 것 같군요.

126

오늘 밤 이곳에 폭격이 있을 거랍니다.

공습경보가 울리면 모두 지하철역
안으로 대피하세요!

국토방위군
중사입니다.
제가…

모두 대피해야
합니다.

기습공격이에요,
선생…

기습공격
이라고요…

런던 시내를 밤낮으로 돌아다니는 것이 무섭지 않습니까?

아니요.

이튼스쿨 졸업생이니 두려울 게 없죠, 안 그래요?

속물주의 한 형태라고나 할까요?

아마도요. 당신 말에 동의합니다. 사람은 자기 계급에서 벗어나지 못하는 법이니까.

그래도 당신은 건강까지 상해가면서 BBC에서 일하잖습니까.

고백하는데, 나는 우리가 대상으로 하는 사람들이 우리 방송을 들을 거라고 확신하지 못합니다. 그만둘 생각도 하고 있어요.

동물들에 관한 책을 출간한다 들었는데 잘돼가고 있습니까?

안타깝게도 별로 진척이 없어요.

게다가 아일린과 함께할 다른 목표가 있습니다.

130

무슨 목표요?

아이를 입양하는 겁니다.

!

독설이 가득한 기사를 쓰는 분이 그런 계획을 세우고 있으리라고는 생각하지 못했어요!

—당신은 저 사람에 대해 오해하고 있어요!

ADELPHI

—그래도… 아이는 좀…

그런 일엔 혁명적인 데가 하나도 없잖아요…

—오웰은 남들이 떠드는 말에 개의치 않는 사람이에요.

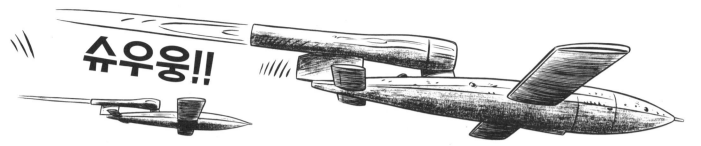

모두 방공호로 대피하세요!

여자와 아이들이 먼저입니다!

또 당신입니까? 여자들이 먼저라고 말했는데!

아이들도 먼저 아닙니까?

오, 미안합니다. 들어가세요.

브루우우우우우우웅

이건 '비행폭탄'이에요. 멀지 않은 곳에 떨어지는 것 같습니다, 친구.

모리머 크레센트에 떨어지고 있습니다.

맙소사, 거긴 우리 동네인데!

정말로 전쟁이 끝났다.

마침내 《동물농장》이 워버그에 의해 출간되었다.

이 책으로 명성을 얻기 시작하면서, 오웰은 작가로서 좀 더 편안한 삶을 살 수 있게 되었다.

모든 동물은
평등하다.
그러나 어떤 동물은 다른 동물들보다
더 평등하다.

곧 동물들이 등장했다. 우선 수캐 필루와 암캐 두 마리가 나왔다···
암탉들은 창가의 횃대에 가서 앉았다··· 암소와 양들도 돼지들 뒤에 자리를 잡았다.
돼지들 중에는 나폴레옹이 있었다.
그다음으로는 수레 끄는 말 두 마리 말라바르와 두스가 입장했다···
지혜로운 연장자가 마른기침을 하더니, "동무들!"이라는 말로 연설을 시작했다.

1월이 되자 양식이 부족해졌다.
짚더미 밑에 잘 보관해두지 않아서 감자 대부분이 얼어버렸다···
바깥세상에는 이 사실을 숨겨야 했다.
인간들이 동물농장에 관해 새로운 거짓말을 꾸며대고 있었기 때문이다.
나폴레옹은 공적인 자리에 잘 나타나지 않았다.
그가 물러갈 때면 다른 동물들이 예의를 갖춰 그를 호위했다.
몰로스 개 여섯 마리가 그를 둘러쌌다.

아무도 돼지들이 앞발에 채찍을 쥐고 농장 일을 감독하는 것을
이상하게 여기지 않았다···
나폴레옹이 그가 총애하는,
물결무늬 실크 드레스 차림의 암돼지를 동반한 채
검은 웃옷과 사냥용 반바지 차림으로 나타났다···
돼지들의 생김새가 예전과 같지 않은 이유는 무엇일까?
돼지에서 인간으로, 인간에서 돼지로,
다시 돼지에서 인간으로 시선을 옮겼지만,
이 둘을 구별하기란 이미 불가능했다.

반힐 4마일

에이브릴!

드디어 왔네요!

리처드를 위해 먹을거리를
잔뜩 가져왔어.

정원에 심을 묘목들도.

이것들을 같이 심자.
응, 아가?

우리 먹을 것은
생각 안 했어요?

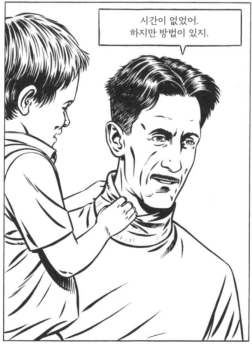

시간이 없었어.
하지만 방법이 있지.

잘 봐라, 리처드. 채소 씨앗을 뿌리고 나무도 심는 거야.

토끼와 새들을 사냥하는 법도 곧 가르쳐줄게.

독사는 한 마리라도 보이면 막대기를 휘둘러 죽여야 해.

이것이 우리가 누릴 수 있는 가장 아름다운 삶이란다, 리처드…

고모가 저녁 식탁에 올릴 바닷가재를 잡는 것처럼.

여기서 꼼짝 말고 아빠를 기다려라, 알았지?

141

이제 오웰은 유명한 작가이자 저널리스트였다. 그는 소련 체제를 격렬하게 비판하는 작가 아서 케스틀러 같은 문단의 거물들과 교류했다.

그가 집을 비웠을 때 아일린이 수술 후유증으로 세상을 떠났다. 어찌할 바를 모르게 된 오웰은 런던의 살롱에서 만나는 모든 여성에게 청혼을 했다.

그중 한 명인 소니아 브라우넬—나중에 마르그리트 뒤라스의 여주인공이 된다—은 매우 아름다운 여성으로 그를 오랫동안 애타게 했다.

그녀는 1946년 오웰이 《유럽의 마지막 남자》*를 쓰기 위해 이주한 스코틀랜드 한복판 헤브리디스 제도의 주라섬을 한 번도 방문하지 않았다.

몸이 허약하고 생활도 어려웠지만, 주라섬의 반힐에서 그는 정원 일과 목공 일에 열정을 쏟았다.

그는 늘 동물상과 식물상에 열광했다. 그리고 작가로서 할 일을 했다. 정치는 내밀한 일기에서는 물론이고 친구들과의 대화에서도 전혀 언급하지 않았다.

여동생 에이브릴이 와서 그를 돕고 그가 사랑하는 리처드를 키워주었다. 리스Rees 같은 옛 친구 몇이 때로는 아이들도 데리고 육지에서 이들을 만나러 왔다.

바다로 좀 나가볼까?

뱃멀미 때문에 난 안 갈래요.

*《1984》 집필 당시의 제목.

143

좀 흔들리겠지, 안 그래?

멋진 하루야, 친구. 항해를 망치지 않을 거라고.

아, 안 돼!

그런데 배 모터는?

특별한 문제는 없네. 내가 확인했어.

그래도 코리브리컨 해협 쪽으로 가진 않을 거지?

아이들이 재미있어할 거야.

그런데 자네 조수 시간은 알아?

사실은 몰라.

툭 툭

스페인 내전 이후, 솔직히 나는 책을 쓰고 닭을 키우고 채소를 기르는 것 말고는 대단한 일을 했다고 말할 수가 없다. 스페인에서 여러 가지 일을 경험하고 좌파 정당들의 내부 사정을 알고 나니 정치가 공포스러운 것으로 여겨졌다.

작가의 일 외에, 나는 정원 일에 열정을 느낀다. 특히 채소 가꾸는 일을 좋아한다. 나는 대도시, 소음, 자동차, 라디오, 통조림 음식, 중앙난방 그리고 '현대적'인 집기들을 싫어한다.

사실 오웰은 건강 상태가 무척 나빴다. 새로운 항생제 치료법은 너무 늦게 나왔다.

1947년 12월부터 그는 주기적으로 병원에 입원했는데 늘 레밍턴 타자기를 가지고 갔다.

로비에서는 양배추 삶는 냄새와 오래된 양탄자 냄새가 났다. 한쪽 벽에는 어마어마하게 큰 컬러 포스터가 붙어 있고, 그 포스터에는 폭이 1미터가 넘는 커다란 얼굴이 그려져 있었다. 검은 콧수염을 텁수룩하게 기르고, 이목구비가 두드러지게 잘생긴 마흔다섯 살가량 된 남자의 얼굴이었다.

윈스턴은 계단 쪽으로 갔다. 엘리베이터를 타려고 해봐야 소용없는 일이었다. 호시절에도 제대로 작동할 때가 드물었고, 낮에는 전기가 끊기기 때문이기도 했다. 그것은 증오 주간을 대비해 취해진 절약 조치였다.

그의 집은 7층이었다. 서른아홉 살이지만 오른쪽 발목 윗부분에 정맥류성 궤양이 있는 윈스턴은 천천히 계단을 올라갔다. 도중에 여러 번 멈추고 쉬었다. 계단참마다, 엘리베이터 맞은편 벽에 붙은 포스터 속에서 거대한 얼굴이 사람들을 응시했다. 그것은 지나가는 사람을 계속 주시하는 것처럼 보이도록 만들어진 초상화였다. 그 아래에는 다음 문구가 적혀 있다.

빅 브라더가 당신을 보고 있다

윈스턴의 집 안에서는 달콤한 목소리가 선철 생산과 관련된 일련의 숫자들을 들려주었다. 그 목소리는 오른쪽 벽에 설치된 흐릿한 거울 같은 길쭉한 금속판에서 흘러나왔다. 윈스턴이 다이얼을 돌리자 음량이 줄어들었지만, 단어들은 여전히 또렷하게 들렸다. 그 기계(텔레스크린이라고 불린다)는 선철 관련 제9차 3개년 계획의 초과 달성 수치들을 계속 자세히 지껄였다. 텔레스크린은 수신과 송신을 동시에 했고, 윈스턴이 매우 낮게 속삭이듯 낸 소리도 다 포착했다. 금속판의 시야에 머무는 한 그의 모습도, 소리도 모두 감지되었다. 당연히, 어떤 순간에 감시를 받는지는 알아낼 방법이 없었다. […]

윈스턴은 텔레스크린을 등지고 있었다. 그렇게 해도 자신의 말과 행동이 노출될 수 있다는 걸 알고 있었지만 그렇게 하는 편이 더 신중했다. 1킬로미터 떨어진 곳에는, 그가 일하는 진리부 건물이 을씨년스러운 풍경 위로 하얗고 웅장하게 솟아올라 있었다. 이것이 런던이야. 그는 일종의 막연한 혐오감을 느끼며 생각했다. 런던, 제1공대Airstrip One의 중심부, 인구로는 오세아니아에서 셋째. […]

진리부─신어新語로는 진부─는 주위 건물들과 확연히 달라서 강렬한 인상을 주었다. 그것은 눈부시게 하얀 거대한 피라미드 형태의 콘크리트 건물이었다. 테라스들이 층을 이루며 연결돼 전체 높이가 300미터에 달했다. 윈스턴이 선 자리에서 건물 정면에 붙어 있는 예술적인 글씨체로 쓰인 당의 3대 슬로건을 읽을 수 있었다.

전쟁은 평화
자유는 굴종
무지는 힘

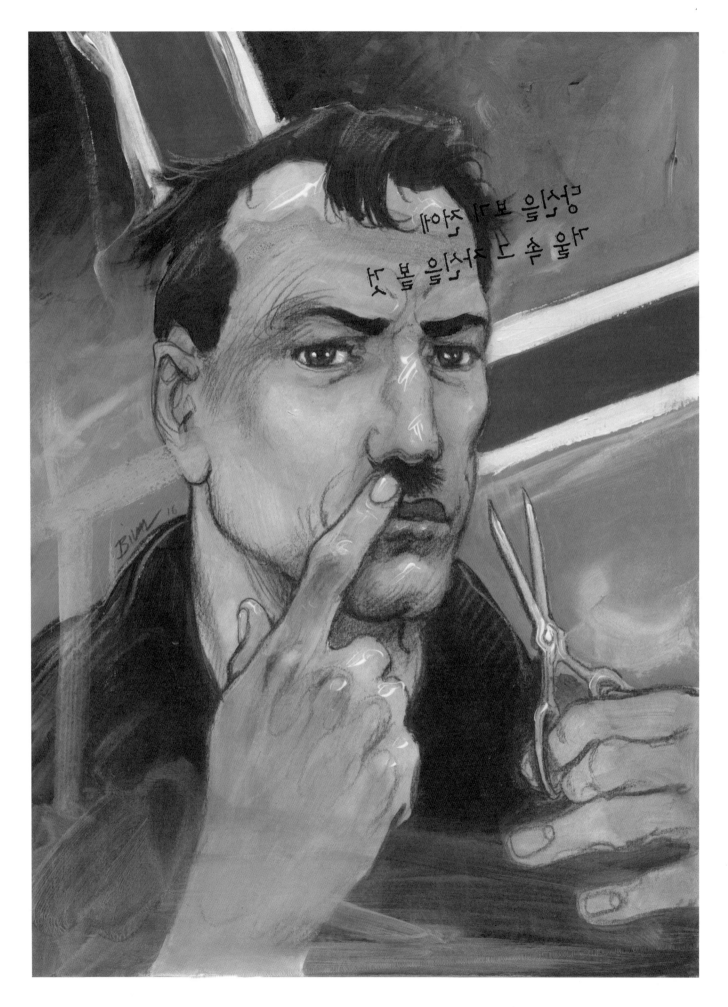

1949년, 오웰은 소니아 브라우넬과 재혼했다…

그리고 1950년 1월에 세상을 떠났다. 런던의 묘지들이 포화 상태여서, 그는 영국 성공회의 의례에 따라 옥스퍼드셔의 외딴 마을에 매장되었다.

1948년, 그는 오래전부터 작업하던 소설 원고를 완성했다.

그는 이 연도의 숫자를 뒤집었다. 그래서 소설 제목이 《1984》가 되었고, 이 소설은 오웰을 20세기의 위대한 견자見者 중 한 사람으로 만들어주었다.

에필로그

/

오웰 이후

베를린 장벽이 무너지고, '현실 사회주의'가 붕괴했다.
그리고 소련이 해체되었다.
미래 예측이 틀린 SF 작가들의 경우처럼
오웰의 아우라는 쇠퇴한 것처럼 보이기도 한다···
겉으로 보기에 빅 브라더는 확산되지 않았다.

그러나 '오웰적인Orwellian'*이라는 형용사는
다른 운명을 겪어, 카프카적인Kafkaesque'**처럼
일종의 관용적 표현이 되었다.
오웰은 자신을 전향시키려는 시도에 굴복하지
않았고, 우파로도 좌파로도 완전히 기울지 않았다.
또한 그가 상상했던 일은 아닐지 몰라도, 오늘날
신어新語***가 위세를 떨치고 있다.

* 오웰의 《1984》에서 유래한 표현으로, '전체주의적인,
  모든 것을 감시하고 통제하는' 등의 뜻으로 쓰인다.
*** 프란츠 카프카의 작품 세계를 반영해 '부조리하고 암
  울한, 악몽 같은'이라는 뜻으로 쓰인다.
***《1984》의 전체주의 국가 오세아니아의 공용어. 이곳
  에서는 어휘를 축소하고 삭제함으로써, 또 '전쟁 관장
  부서=평화부'처럼 단어의 의미를 역전시키거나 변형
  함으로써 사상을 통제한다.

정밀함과 유연성을 지향하던 영국 영어는
호텔, 광고, 비즈니스, 소비자운동, 기술 등
여러 분야에서 전 세계로 침투하는 미국 영어와 섞여
일종의 피진pidgin*이 되었다.
영어와 프랑스어 사이에서 그렇듯,
곳곳에서 단어의 의미가 반대로
바뀌거나 변형되었다.
일자리 보호 계획plan social = 해고licenciements
인원 삭감downsizing = 와해démantèlements
개방 공간open space = 감시surveillance
로프트loft = 화상 감시소lieu télévisuel carcéral
힐러리 클린턴은 사기꾼이고(트럼프에게),
앙겔라 메르켈은 나치이다(에르도안**에게).
인터넷에는 가짜 뉴스가 돌아다니고 입증된
사실보다 근거 없는 댓글들이 활개 치고 있다.

* 서로 다른 언어 집단 사이에서 의사소통을 위해
  두 언어가 섞이면서 생겨난 언어.
** 터키 대통령. 2003년 총리 취임 후 2014년 대통
   령 당선, 2018년 재선 성공으로 장기 집권을 이어
   가고 있다. 개헌 투표를 둘러싼 갈등 과정에서 메
   르켈에게 나치 수법을 쓰고 있다고 비난했다.

일부 극좌파와 극우파는 적을 공격하기 위해 주저 없이 오웰을 사회민주주의와 결부한다. (언론, 특히 진보 언론도 마찬가지다.)

미국의 네오콘과 프랑스의 정통 가톨릭 신자들은 '문명'의 충돌에서 '자연'법 위반에 이르는 음모들을 밝히는 데 망설임 없이 오웰을 소환한다. '반反현대'를 추구하는 청년과 장년들은 68운동의 후유증으로 보이는 것들을 비난하기 위해 오웰의 그림자 아래로 피신한다.

오웰의 영향은 여러 분야에서 발견된다. 예를 들어
《1984》의 가장 빛나는 주석이라 할 테리 길리엄 감독의
〈브라질〉(1985)이나 불안한 디스토피아를 묘사한
앤드루 니콜 감독의 〈가타카〉(1997) 같은 영화 말이다.
작가 시몽 레Simon Leys의, 광기 가득한 《마오 주석 어록》의
현대 버전 《마오 주석의 새옷》(1971)도 그렇다.
시몽 레는 분명 오웰에게서 영감을 받았으며,
에세이 한 권을 오웰에게 헌정하기도 했다.
《위건 부두로 가는 길》에 일부를 빚지고 있는
플로랑스 오베나스Florence Aubenas의
〈위스트르암 부두Quai de Ouistreham〉(2010) 같은,
정체성을 다소 감추고 쓴 언론의
날카로운 르포르타주들도 있다.
그리고 만화도 있다.
〈검은 질서의 팔랑헤당*Phalanges de l'Ordre noir〉**
(1979)에 나오는 나이 든 저널리스트를
오웰로 볼 수 있다면 말이다.
오웰이 살아 있다면(그리고 턱수염을 길렀다면),
마지막 글을 쓰기 위해 주라섬으로 돌아갔다면 말이다.

* 1933년에 창당된 스페인의 급진 우익 정당.
** 피에르 크리스탱이 글을 쓰고 엔키 빌랄이 그림을 그린 정치 스
릴러 만화. 주인공 제퍼슨 프리처드는 스페인 내전 당시 국제여
단에 참여했던 영국 기자로, 옛 동료들과 함께 팔랑헤 당원들을
뒤쫓다가 홀로 살아남아 헤브리디스 제도로 몸을 피한다.

영국의 아름다운 강들 중 하나인 오웰강의 수면이 겉으로 보기에는 잔잔하지만 깊은 곳에서는 마구 소용돌이치듯이,
어떤 수수께끼는 한 사람과 그의 작품에 영원히 머문다.

후기

영국과 미국에서는 조지 오웰에 관한 책과 기사들이 아주 많이 발표되었다. 나는 버나드 크릭Bernard Crick이 쓴 기념비적 전기 《조지 오웰의 삶George Orwell, a Life》(London: Secker & Warburg Ltd., 1980)과 오웰 자신의 《일기Diaries》(New York: Liveright Publishing Corporation, 2012) 그리고 《뉴요커New Yorker》와 《가디언The Guardian》 등의 기사들에 의거해 이 책을 구성했다.

프랑스에서는 오웰의 주요 작품과 관련 저작들이 이브레아Ivrea 출판사와 아곤Agone 출판사에서 출간되었다. 프랑스어로 집필된 책 중에는 시몽 레의 빛나는 에세이 《오웰 혹은 정치 공포Orwell ou l'horreur de la politique》(Plon, 2006), 장클로드 마르탱Jean-Claude Martin의 감동적인 이야기 《오웰의 또 다른 삶L'Autre Vie d'Orwell》(Gallimard, 2013) 그리고 엠마뉘엘 루Emmanuel Roux의 섬세한 분석 《문인의 정치La Politique de l'écrivain》(Michalon, 2015)를 특별히 언급해야 한다. 연대상으로 포스트오웰에 해당하는 최근의 책으로는 장클로드 미셰아Jean-Claude Michéa의 《우리의 적, 자본Notre ennemi, le capital》(Flammarion, 2017)이 있다.

그림이 들어가는 책의 특성 때문에 몇몇 연대를 부득이하게 생략하고, 장면들을 새로 기획하고, 오웰이 가깝게 지냈던 인물들과 나눈 대화를 지어냈다. 시각적인 장면들을 더 부각하기도 했다. 오웰의 글은 가능한 한 원문을 변형하지 않고, 타이핑한 원고 형태로 구분해서 표기했다.

오웰의 여정을 수놓은 걸작들을 그래픽적으로 '표현하기' 위해, 추상적인 설명을 늘어놓기보다는 몇몇 발췌문을 시각적으로 재현해줄 것을 만화가 친구들—앙드레 쥐야르, 올리비에 발레즈, 마뉘 라르스네, 블뤼치, 후안호 과르니도, 엔키 빌랄—에게 부탁했다.

버마 이라와디강의 삼각주에서, 햄스테드 히스와 아라곤의 황량한 지역들을 거쳐 스코틀랜드 한가운데의 주라섬까지, 나는 오웰의 삶의 궤적을 따라 조심스럽게 그의 흔적들을 따라갔다. 세바스티앵 베르디에와 함께한 이 그래픽 전기가 나의 정치적 성찰에 영감을 준 그 사람에게 충실했기를 바란다.

2019년 4월, 피에르 크리스탱

이 책에 인용된 오웰의 작품 출처

11, 21~23, 27쪽 : 《정말, 정말 좋았지 그리고 다른 에세이들(1944~1949)Tels, tels étaient nos plaisirs et autres essais(1944~1949)》(Éditions Ivrea, 2005)

31, 106~111쪽 : 《나 좋을 대로, 1943~1947년의 연대기À ma guise, chroniques 1943~1947》(Agone, 2008)

33쪽 : 《고래 뱃속에서 그리고 다른 에세이들(1931~1943)Dans le ventrede la baleine et autres essais(1931~1943)》(Éditions Ivrea, 2005)

44~45쪽 : 《파리와 런던의 밑바닥 생활Dans la dèche à Paris et à Londres》(10/18, 2005)

58~61쪽 : 《위건 부두로 가는 길Le Quai de Wigan》(10/18, 2000)

76, 94~95쪽 : 《카탈루냐 찬가Hommage à la Catalogne》(10/18, 2000)

136쪽 : 《동물농장La Ferme aux animaux》(Gallimard, 1984)

148쪽 : 《1984》(Gallimard, 1950)

함께 참여한 그림 작가들

20~23쪽 : 앙드레 쥐야르André Juillard

44~45쪽 : 올리비에 발레즈Olivier Balez

58~59쪽 : 마뉘 라르스네Manu Larcenet

94~95쪽 : 블뤼치Blutch(채색_이자벨 메를레Isabelle Merlet)

136~137쪽 : 후안호 과르니도Juanjo Guarnido

149쪽 : 엔키 빌랄Enki Bilal

그림과 사진 출처

11쪽 삽화 : 레이놀드 브라운Reynold Brown이 그린, 애니메이션 〈안녕 검투사See Ya Later Gladiator〉의 포스터(1960).

30, 40, 124쪽 사진 : 이 책의 저자들에게 권리가 있으므로 무단 전재를 금함.

108쪽 책 표지 : DC comics에 모든 권리가 있음.

111쪽 '블림프 대령의 방위 조치' 삽화 : 데이비드 로David Low에게 모든 권리가 있음.

156쪽 삽화 : 영화 〈브라질〉(감독 테리 길리엄Terry Gilliam, Embassy International Pictures et Universal Pictures, 1985)과 〈가타카〉(감독 앤드루 니콜 Andrew Nicol, Colombia Pictures et Jersey Films, 1997)에서 발췌.

157쪽(위) 삽화 : 작가들과 출판사의 허락을 받아 《검은 질서의 팔랑헤당Les Phalanges de l'Ordre noir》에서 발췌. Christin-Bilal ⓒ Casterman

에필로그 디자인 : 필리프 라봉Philippe Ravon

흑백 그림 채색 : 36~39쪽, 52~53쪽은 세바스티앵 베르디에가, 그 외는 필리프 라봉이 베르디에의 원판에 군데군데 색을 넣었다.